바다보다
많지 않아서는
판도

바다보다
먼저 일어서는
파도

이인성 글·그림

젊은 날의 자화상, 15호, 2020

Prologue

눈을 뜨면 마주 보이는 보리암 산 중턱의 불빛.
어둠 없는 앵강만 바다 위로 반짝이는 윤슬.
파도 소리, 자갈 구르는 소리.
살아 있는 생명을 노리는 낚시꾼들의 함성.

남해살이 26년째.
보이는 대로 들리는 대로
시를 썼고, 그림을 그렸습니다.

오십 초반에 들어와 어느새 팔십 노파입니다.
허리 굽고 걸음마저 불안한 파파 할머니가 되었습니다.
늙지 않는 남해를 바라보며
살아가는 기쁨을 쓰고 그리렵니다.
그렇게 남은 생을 살아가려 합니다.

2025년 3월 이인성

차례

프롤로그   5

1장 바다 그리고 파도

낚시터에서 1	10
낚시터에서 2	11
바다 그리고 파도	12
작은 풍경 3 -홍현 바닷가에서	13
어느 겨울	15
풍경 1	16
풍경 2	17
그믐밤에	19
바다	20
앵강만	22
쉬어 가세요	25

2장 모네의 화실

우포늪 1	30
우포늪 2	31
하늘이 푸른 날	32
모네의 화실 1	33
모네의 화실 2	35
모네의 화실 3	36
모네의 화실 4 -해바라기전	38
가을 1	39
가을 2	40
가을 3 -장날	41
가을 4	43
낙엽	45
작은 풍경	47
세월 1	49
세월 2	50
종합병원	51
노년의 길	53
겨울초	54
아버지	57

3장 낚시터에서

낚시터에서 3 –만조를 기다리며	60
밤바다	61
반딧불이	62
어시장 가는 길	63
병실에서	65
어느 날	67
떠나버린	68
백목련	69
떠나소서	71
세월의 문을 열면	72
땅따먹기	74
보름달	76
바다는	79
잘한 일	80
해국	81
낚시터에서 4 –남해 남면 홍현리	83
낚시터에서 5 –여름	84
나무 한 그루	87
오고 있네	89

4장 겨울, 홍현 마을

선택	92
작은 풍경 1 –봄꽃	94
기지개를 켜는 꽃잎들	97
작은 풍경 2	98
꽃, 기다림	101
작은 풍경 4 –겨울, 홍현마을	102
화계 장날	103
낚시터에서 6	106
낚시터에서 7	109
들꽃 속에	110
수국	112
봄바다	113
기도	116

5장 이인성 작품론

노성두/ 남용술·소한진   121

홍현 바다, 30호, 2020

1장

바다 그리고 파도

보름달이 뜨는 밤이면 바닷물에 달그림자가 비친다. 윤슬에 일렁이는 달그림자를 보고 탄성을 뱉지 않는 사람을 보지 못했다. 이 풍경을 못 보고 잠에 취해 있는 사람들이 가여웠다. 낮이면 그 물결 위로 숭어떼가 나비처럼 날아다닌다. 해녀들이 물질하는 소리만 들어도 전복과 해삼, 소라의 향기가 물씬 풍겨 침샘이 자극된다. 바닷가 언덕배기에는 쑥과 냉이 등 뜯어먹을 나물이 지천으로 자란다. 허리 구부정한 할머니들의 힘찬 숨소리에 바닷빛이 더 시퍼래지는 것 같다. 아침에 고깃배가 들어오면 양동이 들고 나가 갈치, 뱅어, 삼치, 고등어를 그날의 기분에 따라 데리고 들어온다.

호수처럼 잔잔하던 저 바다도 한번씩 성을 낼 때가 있다. 태풍이 오는 시기에는 특히 조심해야 한다. 무엇이라도 다 날려버릴 기세로 거칠게 몰아친다. 인생에도 그런 때가 있는 것처럼. 그럴 때는 지나가기를 기다리는 수밖에. 파도가 잔잔해지길 기다리며 기도하는 밤이면 보리암 불빛이 더 아름답게 반짝거린다.

낚시터에서 1

하늘과 맞닿은 바다는
저희끼리 사는 법을 아는데

퍼렇게 눈 뜬 생명을
거품처럼 날리는
장대 끝에 걸어놓고

어쩔까나
노을 곱던 바다여

돌아 못 올
푸른 물살 부여잡고
바다보다
먼저 일어서는 파도

어느 바위 끝쯤에서
들려오는
낚시꾼들의 웃음소리에
하늘 비비며 돌아눕는
저승의 수평선을 보았다

낚시터에서 2

바다를 바다라 말할 수 없는 어부는
얼마나 많은 살아 있는 것들을
가슴 속에 묻어두어야 하는지……

바다 그리고 파도

그냥
숨죽이며 가만히 있었지
바람처럼 훠이 훠이
날아 다닐 수도 없고
구름처럼 하늘 넓다
흘러 다닐 수도 없고

어쩌다
바다와 파도로 서로 만나
지치도록 싸우며
살아 있는 모든 것들을
품에 안고 지키며
살아가야 하는지를

알지도 못한 채
부서지고 있었지

작은 풍경 3
—홍현 바닷가에서

물빛 고운 바닷가
곱고 맑은 눈 가진 내 아들의 아이가
고사리 같은 손으로
작은 돌멩이 하나 주워
퐁당퐁당 돌팔매질 한다

아이 참, 할머니 할머니 물이 아픈가 봐
아야 아야 하네

가만히
돌아서는 아이의 발자국을
고운 물결이 살금살금 지워 나간다

하이얀 모래밭에서 아이는
바다보다 큰 모래성을 쌓고 있었다

숲의 속삭임, 50호, 2022

어느 겨울

파도의 쉼 없는 닦달
비에 젖고 바람에 쏠리고

굴곡진 길을 따라
철 잃은
나비 한 마리 걸어간다
낡은 풍경 뒤로 걸어간다
날지 못해 걸어간다

길이 멀어 힘겹다
입을 벌리고 토해내는
앙상한 목마름

늙은 시간들이
세월을 조이고 굴러간다
겨우

봇물 터지듯 토해내는 한숨
젖은 달빛 아래
짧은 하루
외롭다

풍경 1

겨울 바람 머물고 있는 자리
파도
놀러 왔다

추위에 덜 깬 바다를
일어나라 일어나라 소리 지르다
지친 바다가
파도를 잡으러 다닌다

귀가 따가워 입만 벌린 채
아무 말이 없는 바다
이야기하자고
이야기 좀 하자고 조르다가
흘러오는 바람에 얼굴 묻고
돌아서는 파도

햇빛이 내려앉은 바다 위에
무수히 반짝이는 봄빛

찬 란 하 다

풍경 2
—보름 밤에 바다가

웃고 있었다

달빛으로 물든 모래 위
이름조차 알 수 없는 해초무리

은빛으로 뛰놀다 지친 작은 고기들
개구쟁이 아이처럼 웃다가
어망에 걸렸다

맑은 바람 한 줄기
빠른 파도의 숨소리
수다쟁이 달빛들의 속삭임

아 - 하
춤추고 손뼉 치고
또 춤추고

작은 파도 아래 달빛 실은 바람
같이 춤춘다
금빛 바다
웃고 있었다

앵강만 솔숲, 20호, 2023

그믐밤에

풀마저 마르면서
추워지는 가을볕
무심한 바다엔
하늘과 재채기하는 쪽배들

파도에 몸 맡긴 바다는
바람에 마음 따라가고
먼 길 돌아 가까이 오면
들을 수 있을까 부딪쳐 아픈 사연을

애타는 얼굴에
하얗게 부서지는 그리움
허기진 날의 그믐밤에
파도 부서지는 소리

바다

무슨 사연 그리 많아
파도 품속에 안고
울고만 있을까

수없이 많은 사람들이
오고 가지만
날이 저물어 그림자 내리면

슬퍼 그리도 슬퍼
아무도 모르게
그렇게 슬퍼 울고 있을까

그리움, 15호, 2024

앵강만

구름 그림자 내려와
숭어떼와 놀다
보리암 뒷산으로
돌아가 버린 한낮에
바다는
하얀 파도 보자기를 풀었다

통통배
지나가다 돌아오다 반복하더니
바다에 그물 던진다
푸른 파도 용솟음친다
살려고 도망치다 걸려든
노래미 몇 마리
뜨거운 햇살에 몸부림친다

발버둥치는 그물 속의 잔챙이들
흔적을 없애는 파도
앵강만은 조용하다

앵강만, 30호, 2018

독일 마을, 20호, 2018

쉬어 가세요

힘들걸랑
그냥 쉬어 가세요

붙잡지 않을 테니
말없이
쉬어 가세요

힘들걸랑
쉬어 가세요

지금도
햇살은 뜨겁게
행렬을 시작하니
지는 꽃도 아름답다고

쌓여가는 세월의 흔적
늘어나는 주름살
굽어가는 등 허리 무릎

이제
여든 꽃이 시들어 가네

수국처럼 몇 번씩 변하는 모습으로
시들어 가네
시든 꽃처럼 변해가네

목련나무 아래서 피는 꽃들 보고
예쁘다 아름답다 하던 때
어제 같은데

누군가
꼭 말해주세요
지는 꽃도 아름답다고

가을을 기다리며, 20호, 2024

꽃단지, 15호, 2017

2장

모네의 화실

결혼하여 아이들 낳아 기르며 사는 동안 까맣게 잊고 있던 그림을 다시 그리게 된 건 2017년, 내 나이 일흔이 넘어서다. 이웃이 '모네의 화실'에 그림 배우러 가자고 해서 무심결에 따라갔다가 처음으로 유화를 그려보게 되었다. 왼쪽에 있는 〈꽃단지〉가 그 첫 작품이다.

모네의 화실에서는 매주 두 번, 수요일과 금요일에 길현수 선생님의 수업이 열린다. 71세에 이 교실에 들어가 지금까지 수십회의 동인전을 개최하고 2회의 개인전을 열었다.

동인들 곁에서 그림을 그리는 시간에는 모든 잡념이 사라져 마음이 안정되고 몸에 생기가 돈다. 그림이란 결국 혼자만의 작업이지만 서로의 개성을 발견해 주는 동료들의 격려가 큰 힘이 된다. 처음에는 하루에 한 점도 그렸는데 어떤 때는 한 달에 한두 점 그리기도 벅차다. 요즘은 한 점 붙들고 몇 달을 헤매기도 한다. 내 마음대로 되는 건 그림뿐이라며 호기를 부리던 시절도 있었건만 이제는 힘이 빠져서 안 되는 게 더 많다.

우포늪 1

아이야
아지랭이 따라 늪으로 가자
보리피리 불어주지 않아도
깨어 있을 늪으로 가자

철새들
떠난 자리 쓸쓸해도
단물 먹은 창포잎
저리 창창하네

젖내 흐르네
버들개지
안개 속에서 안개 꽃으로
철없이 피네 피어 오르네

늪에 기대어
나무로 자라
숲을 이루었네

우포늪 2

철 이른 겨울 냄새에 밀려
찾아온 재두루미 한 마리
시린 다리 사이로 여문 벼이삭들의
속삭임에 외롭다

놀란 바람이
생이가래 여린 잎 위에
이슬 한 줌 올려놓고

꼬리 긴 여름 다 태우지 못하고
설익게 데워진 늪 아래
물자라 낮잠이 부러운
소금쟁이 여린 등이 아리다

부황 난 황소개구리 울음에
납지리도 잉어 붕어도
가시연 그늘 아래
숨었다

하늘이 푸른 날

하늘이 푸른 날
하얀 거품 물고 바다는
파도를 만든다

수줍음 잊은 채 탐스러이
피어나는 수국들
푸른 소나무들의 우렁찬 함성

불심 담은 연꽃은 스님의 불경소리에
졸린 눈을 활짝 연다

뒤돌아보지 않아도
따라오고 있는 세월 앞에

모네의 화실엔
아직도 작은 설렘과 기다림이
캔버스 위를 달리며

황혼의 그림 이야기를
그려가고 있다

모네의 화실 1

녹음이 아름다운 날들
반짝이는 가슴과 눈빛으로
캔버스 위에
붓길 열었습니다

느끼고 침묵하고
이제 그림은
우리들의 삶이 되고
빛나는 햇살이 되었습니다

푸른 하늘도
하얀 거품 물고
조용하지 못하는 바다도
작은 아름다움 남기기 위해
큰 가르침 속에 배움을 열어갑니다

소박한 꿈들과
설레는 마음의 바람이
잔잔히 흘러가며 그리는 기쁨으로
산란한 마음을 버릴 수 있는
고요의 화실에서

맑아
한 줌의 티도 없는 눈빛으로
붓길 따라
걸어가렵니다

친구. 30호. 2024

모네의 화실 2

태양이 뜨고 질 때까지
빛을 따라 캔버스를 바꾸는
클로드 모네의 천재성을
닮지 않아도 좋다

수련, 해 질 녘의 건초 더미
인상, 탈출, 카미유, 모란정원
따라 해본다

남해의 푸른 바다를 안고 살아가는
조그마한 폐교
폐교를 살리고 싶은 미대 오빠와
폐교만큼이나 나이를 잊고 싶은
시골 예비 화가들

아직은 개구쟁이 학동들의 웃음이
사라지지 않은 운동장
민들레를 닮아가는 아이들과
모네를 닮고 싶은 모네의 화실은
나이를 잊은 지
이미 오래다

모네의 화실 3

조금씩 낡아가는 인생길
영혼을 품앗이하듯
땅 위의 바람소리 슬픈데

맑고 향기로운 세상의
그림 속으로 또 다른 모습의
그대들의 꿈은
하늘로 향하네

꽃잎 봄바람에 날리면
작은 이파리 사이로
겨울이 지나가 버리고
다시 오는 봄을 그린다

마음보다 젊은 붓길
나이보다 빠른 세월 앞에
알면서도 돌아보고 싶지 않은
세월의 흔적

푸른 파도와 숲이
캔버스 위를 달린다

홍현 소나무숲, 50호, 2019

모네의 화실 4
―해바라기전

황혼빛으로 뱉은 아픔
붓 끝에 앉혀놓고
노을에 젖어드는 화실

그리움에 타고서
그토록 타고서도
무슨 불꽃 남아
또 타고 싶은 걸까

못 잊을 사연
어디에도 그려놓지 못하고

눈 감았다
해를 향한 마음
사르르 녹는다

합창. 15호. 2024

가을 1

이슬 맞고 비 맞고 서리 맞은
벌레 먹은 낙엽 한 장 주워 들고

가을을 품었다

화분 속의 국화꽃
빙그레 웃는다

가을 2

강가 돌멩이들 몸 부딪는 소리

강물 떨리는 소리

갈대 밭 사이
물살 간지럼 타는 소리

단풍
취한 채 타고 있는 소리

붉게, 붉게

가을 3
—장날

노랗게 옷 입은 은행잎
바람이 춤사위 보낸다

각설이
엿을 입에 물고 춤추는
신명을 묶어버렸다

엿이
신명을 묶어버렸다

노랗게 물든 은행잎
쓸쓸하다

하동 북촌 양귀비, 15호, 2018

가을 4

가을걷이 끝난 들판
덤불 끌어 더미를 쌓는다
불꽃놀이 가을 불꽃놀이
연기가 피어오르고
덤불의 신음 소리
고단함이 피어오르는 신음 소리

냉기가 흐른다
문득
겨울 오는 소리

연기에 흩날리는 검불
힘 없이 흔들리고 있다

목 언저리에 감겨오는
겨울의 소리

천천히 타오르는 가을

은행나무. 30호.2022

낙엽

떨어져
우는 것도 서러운데
제발
밟고 가지 마세요

바람에
흔들려 바둥거려도
밟혀서 아픈 것보다야
덜하겠지요

생각. 10호. 2020

작은 풍경

저문 능선 아래
바람 소리
개울물 흐르는 소리

하루가 쌓인 적막
나른한 발걸음

별빛이 등불 되면
힘든 피로를 등에 업고

길 잃을라
저
지친 걸음

정물. 15호. 2020

세월 1

문간에 낙엽 한 잎 떨어집니다
세월이 또 내게로 왔네요
텅 빈 얼굴을 한 달님이
창문을 비껴 갑니다

개나리, 목련 피던 날이
어제 같은데

세월 2

어떻게 흘러갔는지
그 내막을
아무에게도 말하지 못한다

붙잡지 못해
그냥
무자비하게 흘려 보낸다

겨울이 오기 전. 10호, 2019

종합병원

약 봉투를 찢으며
살아가기를 연습하는
나는 종합병원

살기 위해 먹는지
먹기 위해 살아가는지

입안 가득 약을 털어 넣는다

오늘도
살아가야 하는 연습이다

오솔길, 20호, 2021

노년의 길

너무 높아 닿을 수 없는
푸른 푸른 꿈들
꿈으로만 맴돌다 빛 바랜 나뭇잎
흐릿해진 하늘 아래로
되돌아 나온다

숨고르기를 하는 텅 빈 자리엔
살아온 세월이 몇 해냐고
찬 바람이 옆구리 쿡쿡 찌른다

기다리지 않아도 또 한 해가
저물고 지나온 듯 아닌 듯
붉게 물든 낙엽이
바람 따라 몰려온다

겨울초

추운 문 열고
하늘 쳐다보니
바다보다 큰 구름
파도 위에 누워 있네

얼음보다 찬 바람이
가지 끝에 쉬고
어린 잎 조용히 안고
얼은 몸 가누며 기다리네

따뜻한 고요가
머무름 없이 다가오는
봄빛
웃고 있네

봄 유채. 10호, 2017

자작나무, 30호, 2021

아버지

울 아버지
고달픈 세상 길 잃지 말고 살라고
등불 하나 켜놓고 가셨다

아버지
이사덕재 한 자 더 길어
기억하기 좋은 내 아버지
얼굴도 모습도 모른 채
아버지란 이름만 남기고
늘 제자리에 빛으로 계셨던
독립운동가

내 아버지는 가족에게서
독립하셨던 긴 세월마저
아낌없이 버리고
내게 독립운동가 유족이란
명예를 남겨주셨다

푸르름에 대하여, 10호, 2018

3장

낚시터에서

왜 그렇게 소나무를 많이 그리냐고 사람들이 물어서 소나무를 좋아한 다고 했더니 소나무가 뭐가 좋으냐고 또 묻기에 이렇게 대답했다. "사시 사철 푸르잖아. 일 년 내도록 푸른 것, 소나무."

소나무만큼 좋아하는 것이 바다낚시다. 지금은 영 못 다니지만 예 전엔 종일토록 낚시터에 앉아 있어도 지루한 줄 몰랐다. 남해에서도 낚 시하기 가장 좋은 곳은 앵강만 방파제. '홍현 방파제'라 부르는 그곳 에 주저앉아서 낚싯대를 드리우면 감성돔, 꽁치, 노래미가 앞다퉈 달려 와 문다. 손에서 낚싯대 놓은 지 오래지만 그 손맛을 지금도 기억한다. 살아 펄떡이는 것들이 살려고 낚싯밥을 무는 그 순간의 떨림……. 우리 의 인생도 그렇게 깜빡 속은 듯한 것일 수 있고, 그 찰나 속에 깃든 영 원일 수 있겠다.

낚시터에서 3
─만조를 기다리며

당신을 그리워하는 마음 하나로 넉넉히 젖어
그 방파제 끝에 목석처럼 섰습니다.
기다리는 나의 기쁨이 바다 가득
안개로 피어올라
순결한 하루의 빗장을 벗겨봅니다.
마른 가슴은 축축히 흐르고 내 의식의 텃밭이
아름다운 노랫소리로 돋아나기 시작했습니다.
마주보던 그 투명한 바다를 가르며
낚싯대만이 우리 사이를 들락거리지만
당신을 위해 바친 길고 긴 시간들
허름한 가슴속에 진정 따뜻한 피 흐르고
파도에 휩쓸려 지나가는 바람결에나마
나의 환한 웃음을 보내고 싶습니다.

밤바다

바다를 건너는 별빛들
얼굴 없는 바람
흔들리는 파도

길 모르는 별빛 따라
파도
흔들린다
따라나선다

어딘지
아무것도 모른 채
별빛 따라
파도 흘러간다

반딧불이

슬픔이 빛이 되어
큰 어둠 속
작은 등불 하나

어둠을 거르고 걸러
점점이 켜 든
하얀 등불
당신에게 내밀고픈
그리움의 등불

어시장 가는 길

버스 안은 만원이 아니었다
커다란 함지를 머리에 인
생선 장수 할머니의 고무신 한 짝이
저만치 나뒹굴었다
"할매, 뭐 하요? 뭐 해!"
"미안해요, 미안해, 아이구!"
엉덩방아 찧는 할머니 옆에서
졸음 쫓던 떠꺼머리 총각이
짜증스럽게 돌아본다

보글보글 거품을 물고
차멀미 하던 게 한 마리가
보자기 사이로
갑갑한 다리 하나를 가만히 내민다

총각의 졸음은 시장기로 변하고
허름한 할머니의 생선 함지는
보글보글 끓어 오르는
커다란 뚝배기 그릇이 된다

바닷가 눈길. 10호, 2018

병실에서

등불 하나 환하게 밝혀놓고
하얀 밤을 새어가며
빛 바랜 창호지 문살에
손 그림자 그려본다

달빛에 취해
휘청거리는 마른 들판에
소리 없이 울고 있는
토끼가, 말이, 사슴이,
뛰지도 못한 채 흔들린다

펴보다 오므리다
남은 사랑 하나 주먹 속에 숨겨두고
손끝에서 힘없이 떨고 있는
풀잎 같이 서러운 그림자

열려 있는 창문으로
한숨 토하듯 바람이 밀려들고 있었다
마른 들꽃 사이로 살며시 숨어든
가느다랗게 죽은 나무 그림자

운명하는 때가 있었다
아무튼 많은 아는 별 한다

어느 날

삶이 죽음이었던
밤보다 훨씬 앞선 어둠 속에서
언제나 울리고 있는 발자국 소리들

어두운 짐을 기억 속에 싣고
밤배는 고단히 떠내려가고

한 생애의 힘든 눈시울이 감기고
빠르게 내리는 후회

죽었다 깨어나지 못하는
밤은 아직 밤일 뿐

걷지도 뛰지도 못했던
네 인생은

부재의 그림자로도 흘러가지 못했던
너의 세월을
끝내 버렸구나

떠나버린

한평생 쌓인 고뇌
그냥 안고 떠나버린
응어리진 피어린 한

별도 달도 저 바다도
알 수 없는 너와 나의 서러운 삶
어찌 잊을 수 있을까

흐려지는 별빛 속에서도
네 맑은 눈망울 기억 속에 살아 있어
너의 가여운 생에
몇 번이고 몇 번이고
후회의 잔을 비운다

외로움. 5호. 2017

백목련

하얗게
하얗게 피었네요
흰 모시옷 곱게 입고
슬픔도 빛이 되어
찬란하게 피었네요

내 어머니

잠시나마 내 마음에
그대 마음 심으려고
저렇게
흰 모습으로 피었네요

떨어지는 꽃잎마다
숨겨온 눈물 감추며
내 가슴에 평생 갇힌
그대 모습

영혼의 꽃으로
잠시 피었다
떠나네요

목련. 10호. 2018

떠나소서

저 맑은 노을빛 찾아가
너의 맑은 눈망울 다시 볼 수 있다면
한 서린 정 잊을 수 있을까

한평생 눈물로 쌓아온 고뇌의 세월
혼자 안고 가버렸네
응어리진 피 맺힌 한
그냥 안고 가버렸네

가버렸네

편안히 떠나시게
편히 가시게

세월의 문을 열면

지나온 미움보다 보고 싶던 마음이
다투어 달려온다
시원한 바람보다 먼저
풀벌레 소리가 귓가를 채운다

잎마다 행복이 묻히고
희망의 열매 열리기 위해
시련과 고난의 여정을 보내고
해가 뜨면 갇힌 시간들

내일의 꿈을 위하여
세월의 문을 열고 있다

강나루 10호 2018

땅따먹기

감나무 그늘에서
숙이와 고무줄뛰기 하다가
알른 알른 헐어가는
검정 고무신이 아까워
세상을 다 담을 수 있는
커다란 동그라미 하나 그려놓고
땅따먹기 했었지

가위 내고 미국
바위 내고 일본
보 내고 중국
세상은 한 뼘 한 뼘
내 것으로 넓혀지고
어둑한 뒷마당에
혼자 놀던 고무신이 외로워질 때
툭, 툭, 털고 일어서면
황토 노린내가 물씬 손등에서 흘러내리고
고무줄뛰기보다 땅따먹기가 더 재밌네

내가
하 – 웃으면

내 땅도 너 다 가져라

박꽃이 별처럼 흐르는
한국의 땅 속으로
토라지며 떠난 숙이

감나무 그림자가
동그라미 속으로 사라져갈 때
두고 오기 아까운 내 땅을
나는 한 뼘도 가져오지 못하고
헐렁해진 고무신만
흙내 마시며 들고 왔었지

보름달

붉고 너무 커서
지는 해님일까
위세 잃은 시새움

머리 빗질해 곱게 쪽진 새색시
계수나무 아래
토끼와 떡방아 찧는 밤

두 팔 솔개처럼 쫙 펴고
달을 잡자
달을 잡자

그림자처럼 기우뚱 달리면
손에 잡힐 듯 잡히지 않는 달
내가 먼저 달을 놓아버린다

아득, 15호, 2019

외돌개. 10호. 2017

바다는

그리움 많은 바다는
산을 품고 살지요
그림자만 안고 살지요

어느 해변이든
부딪쳐 울고 가는 것은
함께할 수 없는 안타까움 때문

숨은 그림자
가슴에 안고 철석 철석
바다는 울고 있네요

잘한 일

바다 위에 앉아
하얗게 질린 어두운 밤

흔들리는 별 찾아와
빛 하나 달라기에
망설임 없이 주었지

세상 하나
빛으로 가득하다

양귀비, 5호, 2019

해국

바다 위에 앉아
뒹굴고 보채는 파도

아직은 덜 익은 가을
마음에 품은 채
달리는 수줍은 소녀

감나무 푸른 잎
한 잎 두 잎 힘 빠져
떨어지고

붉은 햇살 바다 넘어
멀어질 때
바람들의 속삭임

귀밑까지 불 지핀 그리움
바람도 지우지 못한
보랏빛 그리움

주상절리, 10호, 2018

낚시터에서 4
─남해 남면 홍현리

새벽별 지고 해 뜨기 전
솔내 풍기는 자갈길 들어서면
산을 안고 누운 바다가
별처럼 흐르네

통통배 따라 떠난 빈 마을엔
아기 기저귀가 나풀나풀 혼자 마르고
강아지 뒷발에 채인 빛바랜 몽돌은
큰 하품 하네

마늘냄새 풍기는 들길
흐드러지게 핀 애기똥풀꽃 따라
고들빼기 쏜내는 바다로 숨었는지

은빛 비늘 반짝이며
부르는 소리에
생명의 덫을 던져놓고

밤새 기다림의 고요가 있었던
그 자리에 서서 흔적 없는 그리움으로
설레이게 하는 나의 사랑이여

낚시터에서 5
―여름

쏟아지는 열기 속에서도
세찬 흐름은 멈추지 않고
퍼덕이는 생명의 돛을 단
작은 배는
떠날 곳을 찾는다

한낮이 주는 뜨거운 쾌감은
흘러온 우울한 세월을
깊은 밀도 속으로 밀어 넣고

살아 있음을 자맥질하는
어린 생명
붉은 시선으로 다독거리는
내밀한 사랑

흔들리는 언저리
진주빛 물방울 축제 속으로
끝없이 밀려오는

바다여

하동 백련연못, 20호, 2018

홀로서기, 30호, 2024

나무 한 그루

나무 한 그루 서 있다
되돌아갈 수 없는 길가에
왔던 곳으로 갈 수도 없는
이미 지나온 길 위에
들꽃들이 혼자 흔들리고 있는 길 위에
떠나야 할 시간이 다가오는
추억이 다 된 나무 한 그루
백발의 나무
한 그루 서 있다

선택, 5호, 2017

오고 있네

칠십 고개 훌쩍 넘어서
내년이면 팔순
빛바랜 나뭇잎처럼
언제 떨어질는지

숨 고르기 하는 텅 빈 자리에
깊게 누운 그림자
소문 없이 찾아오는 진통
살아가야 하는 위태로운 나날들

기다리지 않아도 봄은 오고
여름 가을 또 낙엽 지는 겨울
조용히 오고 있네
아니 올 듯 조용히

오고 있네

겨울 풍경. 50호. 2020

4장

겨울, 홍현 마을

우리 집이 있는 마을은 해라우지 마을이다. 무지개언덕 마을은 해라우지 마을 뒤에 있다. 합쳐서 홍현(虹峴)마을이라 부른다. 우리 집에 오는 사람들은 하나같이 '여기는 겨울이 없는 곳'이라 한다.

낚시꾼들에겐 낚시하러 안 나가면 겨울이다. 제아무리 남해라도 겨울이면 추워서 물고기들이 깊은 바닷속으로 다 숨어버리고 나타나지 않는다. 배도 어항에 묶여 있다.

한겨울 남해에는 빨간 동백이 핀다. 햇살은 봄날 같다. 눈도 안 온다. 바람이 꽤 불지만 포근포근한 바람이다. 아침에 커튼을 젖히고 창을 열면 공기가 상큼상큼 달다. 안 좋아할 수가 없고, 떠날 수도 없다. 남해는 말한다. 겨울을 걱정하지 말라고. 올겨울도, 인생의 겨울도, 아무것도 걱정하지 말라고.

선택

봄
여름
가을

하
좋은 계절 다 버리고

꽁꽁 언
얼음빛 눈 속에

동백꽃
저리도 곱게
피었네

환희, 20호, 2024

작은 풍경 1
—봄꽃

먼저 핀 꽃도 나중 핀 꽃도
서로의 사연은 알 수 없지만
피었다 시드는 건 마찬가지네

뿌리 다치지 않게
빈 손 가득 따스한 빛 담아
찬 발등 도톰하게
덮어주는 흙의 속마음 안다면

먼저 피었다 지는 것도
서러울 것 없고
기쁠 것도 없지만

계절 없이 피었다
지지 않을 꽃으로 남고 싶은 건
세월 밖에서 기다려도
잡히지 않는 안타까움 때문일 뿐

어느 날. 5호. 2019

기지개를 켜는 꽃잎들

쪼글쪼글한 할멈의 시샘으로 풀 죽은 목단꽃 댓 다발이
할멈보다 더 쭈그러진 양동이에 걸쳐져 있었다.
방울토마토만 한 봉오리들이 금방 설탕 내음을 토하고
죽을 것 같아 천원짜리 한 장으로 한 다발을 얻었다.
꽃이 안쓰러워 장 보는 것은 뒤로 미룬 채
치자꽃내 나는 베란다 옆에서
까만 단지 하나를 마련했다.
시든 잎 하나 뜯지 않고 얼음을 띄워 꽂았다.
꽃잎이 한 장 한 장 날개를 편다.
밤새 꽃 요정이 다녀갔을까?
아!
분홍 나래를 한껏 편 꽃들은 서로의 미모를 자랑한다.
탱탱 불어오른 유방의 젖꼭지 모양 봉긋한 봉오리들.
곁에서 하나둘 기지개를 켜는 꽃잎들.
뭐든 주인을 잘 만나야 된다던 할멈의 목소리가
살풋 꽃들 사이에서 들리는 듯하다.
천원짜리의 주인인 나는 며칠을 행복했다.

작은 풍경 2

벌나비 사랑 깊을수록
알알이 영그는 열매

바닷바람 소리
찌르레기 울음소리
백년초 노란 꽃술
터지는 소리

봄볕에 훨 훨
푸른 옷 벗어놓고
속까지 붉은 열매

저리도
저리도
곱게 웃고 있네

봄. 50호. 2019

옛생각, 5호, 2017

꽃, 기다림

행여 잊힐까
애타게 기다린다
조용히 문 열고 내다보면
가지 끝에 순결한 모습 보이며
웃고 있다 꽃들

침묵할 수 없는
아름다운 말들
온몸으로 모두
꺼낸다

새벽 지나 아침을 여는
희망으로 빚은 봄맞이 길목
꽃샘바람에도
물오른 노란 족두리
개나리

훈훈해진 하늘
숨긴 사랑 오는 길목에
고개 내밀고
기다린다

작은 풍경 4
─겨울, 홍현마을

얼음빛 들판
추운 겨울초
봄빛은 언제 오려나
잎 세우네

들리는 바닷소리
파도의 노래에 절어
푸르게 멍든 시금치 떼

아득한 수평선 너머
불그레이 지는 석양

화계 장날

벚꽃잎 내리는 마당
각설이 북소리에
자리를 펴고 앉는다

이름 모를
오늘 하루 동행이다

한마당 신명 나는 춤이 돌고 나면
조각조각 기운 옷차림에
나비 날고
봄에도 꽃잎이 피어난다

북소리 끝나면
말랑한 호박엿이 팔려 나간다
한끼 값으로 엿을 사고
두끼를 때워도
허기지지 않는 장날의 하루

상주의 봄. 10호. 2024

낚시터에서 6

꾼은 낚싯대를 들었다
이글대는 눈빛으로
목이 타는 바다를 향해
힘껏 던지는 장대 끝에는
사신이 붙어 있다
바다로부터 생사를 갈라놓고
막힌 가슴 터져라고
몸부림치는 시퍼런 집념

바다의 혼이 파들파들 딸려온다
성난 파도는 하늘을 향해 통곡하고

찢어진 생명 뒷켠에는
아무리 울어도 시원찮은
슬픔 하나 가득 담겨 있다

가천 다랑논, 10호, 2018

친구, 10호, 2018

낚시터에서 7

변치 않는 그리움이다

해조음에 가슴 열고
갯내음에 눈을 뜨고

선착장 방파제에
낚싯대 드리우고

갈 곳 잃은 물고기떼
오랜 시간 기다리는
변치 않는 그리움

들꽃 속에

들풀 사이에
혼자 앉아서
민들레 노란빛 제비꽃 보라빛

그 속에 나를 심는다

송이송이 헤어 보면
내 차례 올 테지
세다가 낮달 쳐다보니

풀들의 아우성
노란빛 민들레도 보라빛 제비꽃도
숨어버렸다

그 속으로 나 보내고 싶다

그 속에 나 있고 싶다

낮달 속에 호롱불 켜듯
오동꽃
너도 있었구나

축제, 10호, 2018

수국

송이마다
알록달록 변해가며
힘든 슬픔은 가슴에 묻고
예쁜 모습만
당신에게 보이고 싶네요

아무리 나에게
변덕쟁이라 나무라도

꽃 지고 나면
그만이라는
당신 마음만 하나요

봄바다

힘찬 아우성
봄 벚꽃으로 피어난다

허리 흔들며
희망의 나팔을 분다

내 안의
살아 있는 모든 것들을
위하여

앵강만 일출, 50호, 2022

기도

지치고 힘들 때
가장 먼저
생각나는 사람
되게 하소서

맹모의 마음으로
살아가게
해
주옵소서

정물3. 10호. 2021

새 봄이 오다, 50호, 2020

5장

이인성 작품론

피조물의 박제사

노성두 (서양미술사학자)

자의식과 상상이 만난 새로운 내면의 세계

남용술 · 소한진

부부, 10호, 2017

Critic's note 1. 화가 이인성이 그린 그림

피조물의 박제사

노성두 (서양미술사학자)

네, 이것은 그림이 아닙니다.
한숨입니다. 그리움입니다.
색채를 부수고 굴복시키는 폭력입니다.
쉼표로 가득한, 죽은 나무 그림자 아래에서
별빛을 올려다보는 눈빛입니다.
맨몸을 드러내고 두 눈을 감싼 채
백만 개의 어둠 속에서 흩어진 언어를 다 지우고 나서
젖은 빨래처럼 지친 여든 붓의 넋두리입니다.
화가는 바다를 그립니다.
나무를 그립니다.
꽃을 그립니다.
붓길따라 바람길이 납니다.

화가의 그림에서 세찬 바람 소리가 들립니다.

웅얼거리는 기도문, 헐렁해진 고무신,

생채기가 난 파도의 울음소리가 들립니다.

벌레 먹은 낙엽은

왜 저마다 사랑의 기억을

흐르다 멈추어 굳어버린 수액처럼,

끈끈이주걱처럼 끌어안고 있는 걸까요?

그리고 부패의 시간표에 옮겨 적고 있는 걸까요?

화가는 문드러진 세월을 회고합니다.

한해살이풀의 목소리로

미풍과 입김에도 소스라치는 심장으로,

그리고 녹슬지 않는 기억으로.

이제

꿈속에서 날개가 돋아납니다.

화가는 꿈 사냥꾼입니다.

항아리 속 까탈스런 늙은 귀신의 입속에 돋아난

날개입니다.

화가는 웅얼거리며 이젤 너머 풍경을,

그리고 죽음을 응시합니다.

꽃을 비방하고, 나무를 저주합니다.

흙과 하늘과 파도를 붓질로 부숩니다.

붓은 채찍입니다. 망치입니다.

화가는 피조물의 박제사입니다.

막바지의 계절이 왔습니다.

화가의 임무는

폐교 한편의 소각장을 서성이기.

늙은 껍데기를 벗기기.

나비 애벌레처럼 꿈틀대기.

모네의 정원을 훔쳐보기.

강렬한 빛을 응시하기.

시야에 남은 잔영을 음미하기.

그리고 눈이 영영 멀어버리기.

네, 그렇습니다.

이것이 화가의

덩굴손처럼 집요한

시작도 끝도 없는 숙명입니다.

수확. 10호. 2017

Critic's note 2. 『문예한국』 1998년 가을호 등단작 심사평

자의식과 상상이 만난 새로운 내면의 세계

남용술 · 소한진

언어 예술가 중에서도 시인은 유독 예민한 편이다. 대상을 바라보는 시각이 그렇고 자의식과 상상이 만날 때 사물에 대한 참신하고 새로운 해석, 곧 '새로운 자리매김'이 그렇다.

이인성 씨는 시 「낚시터에서」(10쪽)에서 바다를 일러 '저희끼리 사는 법을 아는데'라고 진술하고 있는데 이는 바다에 대한 새로운 자리매김이라 할만한 표현이다. '장대 끝에' '눈 뜬 생명'을 걸어놓는다는 말은 이미지가 선명해서 좋다. '바다보다 먼저 일어서는 파도' 역시 우수한 시적 진술이다.

최종연 최종행에서 이인성 씨는 바다 혹은 낚시터에서 '저승의 수평선'을 보고 있다. 시인의 상상력이 바다와 만나 새롭게 제시하는 시적 신선함과 만나게 된다. 이는 단순한

시각적인 해석이 아니고 이인성 씨의 자의식이 상상과 만나 새롭게 얻은 내면의 세계인 것이다.

시인은 많으나 이와 같이 사물에 대한 새로운 시각이 자의식과 만나 상상의 옷을 해 입고 등장하는, 신선함이 있는 시가 우리 시단에 요구되는 것이다. 꾸준히 노력하여 계속 독자적인 시의 세계를 열어가기 바란다.

문예한국, 가을호, 1998

해바라기, 10호, 2018

바다보다
먼저 일어서는
파도

2025년 4월 22일 초판 1쇄 발행

지은이   이인성

펴낸곳   읽고쓰기연구소
도서문의   02-6378-0020
팩스   02-6378-0011
출판등록   제2021-0000169호
주소   서울·시 마포구 동교로 136 서강빌딩 202호
이메일   editor93@naver.com writerlee75@gmail.com
블로그   blog.naver.com/editor93

ⓒ 이인성 2025

ISBN 979-11-988726-7-8 (03810)

· 값은 뒤표지에 있습니다.
· 이 책은 저작권법에 따라 한국 내에서 보호를 받는 저작물이므로 무단 전재 및
  복제를 금합니다.
· 잘못된 책은 구입하신 곳에서 바꿔 드립니다.